MALALA

MALALA

pelo direito das meninas à educação

Texto de Raphaële Frier e desenhos de Aurélia Fronty

Tradução: Eliana Aguiar

pequena zahar

No fundo do vale do Swat, no Paquistão,
estende-se a grande Mingora.
É uma cidade muito agitada, onde vivem
Ziauddin Yousafzai e sua mulher, Tor Pekai.
Eles moram numa casa modesta, em frente
à escola Khushal, criada por Ziauddin.

É ali que, em 1997, no coração de uma noite de verão,
vem ao mundo uma menininha, a primeira filha
de Ziauddin e Tor Pekai.
– Meus amigos! – grita o pai. – Depositem frutos secos,
doces e moedas em seu berço, como fariam
se fosse um menino. Ela se chama Malala!

Ziauddin ama seu povo pachto,
mas nem todas as suas tradições.

Malala cresce em meio aos cadernos.
E um irmãozinho não tarda a chegar:
ele se chama Khushal, como a escola
ao lado da qual veio ao mundo!

Não demora para que as duas crianças comecem a correr juntas pelas salas quando as aulas acabam – brincando de esconde-esconde com os vizinhos, dando seus primeiros passos no jogo de críquete na laje-terraço ou tentando alcançar o céu.
Um dia, Khushal pergunta à irmã mais velha:
– Malala, como será o paraíso?
– Como Mingora, é claro!
E Khushal olha, sonhadoramente, para a cidade que se estende até o monte Ilam e sua neve que não derrete jamais.

Malala também ama a aldeia de seu avô,
lá no alto, longe da poluição de Mingora.
A água dos lagos e das cascatas é pura,
as nozes, abundantes, e o mel, delicioso.
No inverno, eles brincam de fazer ursos de neve.

Mas Malala detesta as histórias contadas na aldeia,
como a da jovem Khalila, vendida a um velho.

Lá, nas montanhas pachto, mais ainda que na cidade,
os homens têm todos os direitos, enquanto às mulheres,
trancadas em casa, só resta obedecer. Elas não sabem ler
nem escrever, assim como a mãe de Malala.

Em Mingora, Malala gosta de se esconder no terraço
para ouvir o barulho da cidade, das gralhas...
e seu pai discutindo política com os amigos,
enquanto bebem chá de cardamomo. Às vezes eles levantam a voz:
– Os talibãs incendiaram mais uma escola! Eles só aceitam
as madraças, onde se estuda somente o Corão!
– Vocês vão ver, esses ignorantes fanáticos ainda vão atrair
as bombas dos americanos! Como no Afeganistão...

Um dia, Ziauddin surpreende a filha.
Ele sorri e a coloca no colo:
– Ouça este poema, Malala. Sua mãe gosta muito dele.

Não mate as pombas
no jardim.
Se você mata uma,
as outras não virão mais...

Algum tempo depois, Malala percebe que o pai anda muito preocupado. Fazlullah, o mulá que dirige os talibãs do vale, está tentando intimidá-lo.

– Ele e seu bando querem fechar minha escola, nossa escola!

Mas eis que uma nova desgraça se abate sobre eles: em 8 de outubro de 2005, um terrível terremoto abala toda a região. As aldeias das montanhas são reduzidas a pó.

Fazlullah se apossa da dor das pessoas.
Ele diz e repete na Rádio Mulá:
– Foram os pecados de vocês que
provocaram esse terremoto!
Parem de ouvir música
ou ver filmes...
e tudo vai melhorar!

Ziauddin fica desesperado ao ver
a estupidez e o ódio ganharem os espíritos.
Ele também é muçulmano,
mas rejeita qualquer utilização
de sua religião
contra a vida
e a liberdade.

E se o mulá estiver dizendo a verdade? O medo se instala no vale.
Alguns chegam a fazer fogueiras com seus televisores, computadores e CDs.
– Isso não é suficiente! – insistem os talibãs.
A dança e os salões de beleza são banidos e os homens são proibidos de fazer a barba...
Em seguida, os talibãs fazem desaparecer os rostos e corpos das mulheres
das ruas de Mingora, obrigando-as a usar a burca,
essa gaiola de tecido que as envolve da cabeça aos pés.

Eles patrulham as ruas
e prendem quem desobedece,
açoitando as pessoas em público
ou assassinando-as se elas resistem.
Como todo mundo, Ziauddin também tem
medo, mas ele ousa exprimir seu desacordo.
Aceita até que Malala dê o seu depoimento
diante de um talibã num estúdio
de televisão!
– Como ousam privar-me
do meu direito fundamental à educação? –
rebela-se Malala, do alto de seus onze anos.

De fato, os talibãs tinham acabado
de anunciar sua nova proibição:
a partir de 15 de janeiro de 2009,
as meninas não terão mais o direito
de ir à escola.

– Como poderei realizar meu sonho
de ser médica sem estudar? –
desespera-se Malala.
– O que fazer? Como agir?
Será que minha caneta e minhas palavras
não poderiam vencer as metralhadoras?!

Alguns dias mais tarde, no site da BBC,
a televisão pública britânica,
ela redige a primeira página de seu diário,
utilizando o pseudônimo de "Gul Makai".

DIÁRIO DE UMA ESTUDANTE PAQUISTANESA

Sábado, 3 de janeiro de 2009

Tenho medo

ONTEM À NOITE TIVE UM PESADELO TERRÍVEL,
CHEIO DE HELICÓPTEROS E DE TALIBÃS.

Claro que as palavras de Malala
não impedem que os talibãs avancem
sobre todo o norte do país,
com uma violência cada vez maior.

– Vamos expulsar os talibãs de Mingora! –
anuncia enfim o governo paquistanês.
Assim, os tanques e fuzis chegam ao vale.
É a guerra.
Muitos habitantes deixam a cidade.
Com sua família, Malala tem de abandonar
sua casa e buscar refúgio na aldeia de seus avós.
Três meses depois, eles retornam
para uma Mingora em ruínas.

É preciso reconstruir as escolas para que todos possam estudar...
– Até as crianças trabalhando nos depósitos de lixo! – insiste Malala.
Em seguida, ela é eleita presidente da assembleia das crianças do Swat.
Com isso, ela espera poder ajudar os mais pobres.
Mas os talibãs não demoram a retornar ao vale.
Mais uma vez, eles dinamitam as escolas; mais uma vez, eles executam os defensores da liberdade. Eles calam até a mais ínfima canção...

No entanto, Malala
não desanima.
Aos catorze anos,
a jovem paquistanesa
já é uma personalidade
em seu país.

Convidada por todos,
consegue angariar fundos
para sua campanha
pelos direitos das meninas.
O governo lhe confere
inclusive o Prêmio Nacional
da Paz da Juventude.

Isso permite que,
no final de 2011,
Malala crie uma fundação
para a educação,
possibilitando que
atue com maior eficiência.

Nesse mesmo período, Tor Pekai,
sua mãe, perde o sono.
E como ela poderia dormir
se os talibãs ameaçaram
sua filha de morte?

No dia 9 de outubro de 2012, à tarde,
Malala entra no ônibus escolar
para voltar à sua casa.
O veículo freia bruscamente,
os corações estremecem.
Um homem interroga o motorista:
– Este é o ônibus da escola Khushal?
– Quem é Malala? – grita um segundo homem,
que acaba de entrar no ônibus.

Ninguém responde, mas as meninas
não conseguem se impedir de olhar
para a amiga. É ela mesma:
a única a tirar o lenço da cabeça
no interior do ônibus.
O homem saca uma pistola
e atira em Malala. Três vezes.

As meninas gritam, algumas estão feridas:
– Malala! Malala!!
Olhem! Sua cabeça está sangrando,
ela vai morrer!

Malala não ouve mais nada.
É como se estivesse indo para bem longe,
para o monte Ilam.
O motorista corre para o hospital central do Swat.

Malala ainda respira. Todo o país se comove.
O presidente paquistanês, assim como inúmeros políticos
e personalidades muçulmanas, condena o atentado.
Mas os talibãs, não: eles o reivindicam.

Dia após dia, o estado de saúde de Malala piora.
Seu pai está arrasado, furioso por não poder
tomar o lugar de sua filha!
A família e os médicos resolvem transferir Malala
para o hospital de Birmingham, na Inglaterra.

O mundo abre então os olhos para o destino das meninas
no Paquistão. De todos os lados, as pessoas pedem notícias
de Malala. Ela recebe cartas e presentes de todo o Reino Unido,
do Paquistão e de bem mais longe ainda.

Felizmente, depois de várias cirurgias,
Malala pode retornar às aulas, dessa vez em Birmingham.
Os talibãs não conseguiram calar sua voz:
apenas restabelecida, ela retoma seu combate pelo direito à educação.

Existem, no Paquistão, mais de 5 milhões de crianças privadas
de escolas primárias e, como em outras partes do mundo,
a maioria delas são meninas. Essa situação revolta Malala.
Ela também se sente próxima das pequenas afegãs,
nigerianas ou iraquianas, que vivem num país em guerra
onde a escola não vale mais nada.

Muitas vezes são as meninas que deixam de frequentar a escola, porque em boa parte dos países pobres alguém precisa ficar em casa para cuidar das crianças menores, cozinhar, limpar, buscar água no poço. E é sempre a elas que cabem essas tarefas...

Também é comum casar as meninas muito cedo. E muitas famílias ainda acreditam que só os meninos precisam ter uma profissão.

Bem no dia de seu aniversário de dezesseis anos, centenas de jovens e personalidades do mundo inteiro ouvem o discurso de Malala na tribuna da ONU, em Nova York. Ela está muito emocionada e, para não tremer, resolve usar o xale que ganhou dos filhos de Benazir Bhutto, ex-primeira-ministra do Paquistão, assassinada em 2007. E, assim, ela encontra forças para dizer ao mundo:

O que desejo é educação para todas as crianças, inclusive as dos talibãs, inclusive as do homem que atirou em mim.

Ela fala de grandes figuras como Martin Luther King, Nelson Mandela e Gandhi, e proclama, sob aplausos:

Vamos continuar sua luta contra a pobreza, a ignorância, a injustiça, o racismo e a privação dos direitos essenciais em toda parte, no mundo inteiro!

Com certeza, Malala pensa fortemente em sua mãe quando anuncia:

Houve um tempo em que as mulheres pediam aos homens que lutassem pelos direitos delas. Mas agora nós lutaremos por nós mesmas!

E a emoção toma conta da assembleia quando Malala semeia a esperança nos corações com algumas poucas palavras, tão simples e tão fortes:

Uma criança, um professor, um livro e uma caneta podem mudar o mundo!

No ano seguinte, a jovem paquistanesa recebeu o Prêmio Nobel da Paz. Assim, aos dezessete anos, Malala Yousafzai tornou-se a pessoa mais jovem a receber essa prestigiosa distinção.

No belo vale do Swat,
onde florescem figueiras e romãzeiras,
a liberdade ainda não triunfou.
Nem Malala nem seus familiares podem retornar;
eles continuam ameaçados de morte.
Lá, as armas ainda fazem a lei.
E às armas dos extremistas islâmicos e do exército,
juntam-se às vezes os tiros dos drones americanos,
que visam os talibãs, mas também fazem vítimas inocentes.
Como a voz de Malala agora tem importância,
ela pede ao presidente dos Estados Unidos
que suspenda esses ataques.

Ela sonha com livros e cadernos
para o seu querido vale.
– Precisamos manter a esperança – diz ela sorrindo –,
tudo pode mudar! Vejam, por exemplo, Tor Pekai...
De fato, já faz algum tempo que sua mãe resolveu
tomar aulas para aprender a ler e escrever.

O Prêmio Nobel da Paz
deu asas a Malala:
ela visita campos de
refugiados sírios no
Líbano, ela apoia projetos
de escolas na Nigéria...

Seu nome também viaja por toda parte,
pois no dia 12 de julho, aniversário de Malala,
as crianças comemoram à sua maneira, nos quatro cantos do mundo,
o *Malala Day*, Dia de Malala, criado pela ONU.
Nesse dia, da Ásia à África, da Europa às Américas ou à Oceania,
todos pintam, desenham, cantam e dançam para
que toda criança do planeta tenha direito de ir à escola,
para que adquira o poder de escrever e contar, para que
conheça a alegria de ler. Com toda a liberdade.

Malala Yousafzai

Aprender é um direito universal

PARA COMPREENDER MELHOR

"Caros irmãos e irmãs, é nas trevas que nos damos conta da importância da luz. Tomamos consciência da importância de nossa voz quando somos reduzidos ao silêncio.

Da mesma maneira, quando estávamos no vale do Swat, no norte do Paquistão, só percebemos a importância das canetas e dos livros quando vimos as armas de guerra."

Trecho do discurso de Malala Yousafzai em 12 de julho de 2013, na tribuna da ONU, em Nova York.

Malala Yousafzai recebe a notícia de que foi agraciada com o Prêmio Nobel da Paz e declara à imprensa: "Dedico este prêmio a todas as crianças sem voz que precisam ser ouvidas."

Malala, seu povo e seu país

Malala ainda não tinha completado doze anos quando fez suas primeiras declarações públicas em defesa do direito das meninas à educação.

Algumas datas importantes

- **12 de julho de 1997**

Malala Yousafzai nasce em Mingora, no Paquistão.

- **De 3 de janeiro a 12 de março de 2009**

Encorajada pelo pai, diretor de escola, ela cria um blog escrito em urdu, no site da emissora britânica BBC, sob o pseudônimo de "Gul Makai". Nesse *Diário de uma estudante paquistanesa*, a jovem denuncia as violências dos talibãs. Ela tem apenas onze anos.

- **Fevereiro de 2009**

Malala começa a dar entrevistas e a participar de conferências.

- **Maio de 2009**

Malala é reconhecida como uma heroína. A escola onde estuda recebe seu nome.

- **19 de dezembro de 2011**

Malala recebe o Prêmio Nacional da Paz da Juventude, criado para ela pelo governo paquistanês, hoje rebatizado como "Prêmio Malala". Ela se transforma, assim, num alvo para os talibãs.

- **9 de outubro de 2012**

Malala é vítima de uma tentativa de assassinato na saída de sua escola. Uma bala atravessa seu pescoço e seu crânio. Escapa por um triz da morte. Fazlullah, chefe do TNSM (Tehreek-e-Nafaz-e-Shariat-e-Mohammadi, movimento islâmico fundamentalista), é o mandante.

- **15 de outubro de 2012**

Malala é transferida do hospital militar de Rawalpindi, no Paquistão, para um hospital de Birmingham, na Inglaterra.

- **10 de dezembro de 2012**

A Unesco (Organização das Nações Unidas para a Educação, a Ciência e a Cultura) e o Paquistão criam o Fundo Malala para a ducação das meninas, a fim de encorajar o acesso de cada uma delas aos estudos.

- **3 de janeiro de 2013**
Malala deixa o hospital, mas terá de retornar para uma última cirurgia.

- **9 de janeiro de 2013**
Por sua luta em favor da educação das meninas, Malala recebe o Prêmio Simone de Beauvoir pela liberdade das mulheres.

- **12 de julho de 2013**
Malala festeja seu 16º aniversário pronunciando um grande discurso em prol da educação na tribuna das Nações Unidas. A partir de então, o dia 12 de julho será o "Malala Day [Dia de Malala]".

- **17 de setembro de 2013**
Em Dublin, na Irlanda, a Anistia Internacional confere a Malala o seu mais prestigioso título: Embaixadora da Consciência.

- **20 de novembro de 2013**
Malala ganha o Prêmio Sakharov pela liberdade de espírito, atribuído pelo Parlamento europeu.

- **10 de outubro de 2014**
Malala recebe o Prêmio Nobel da Paz.

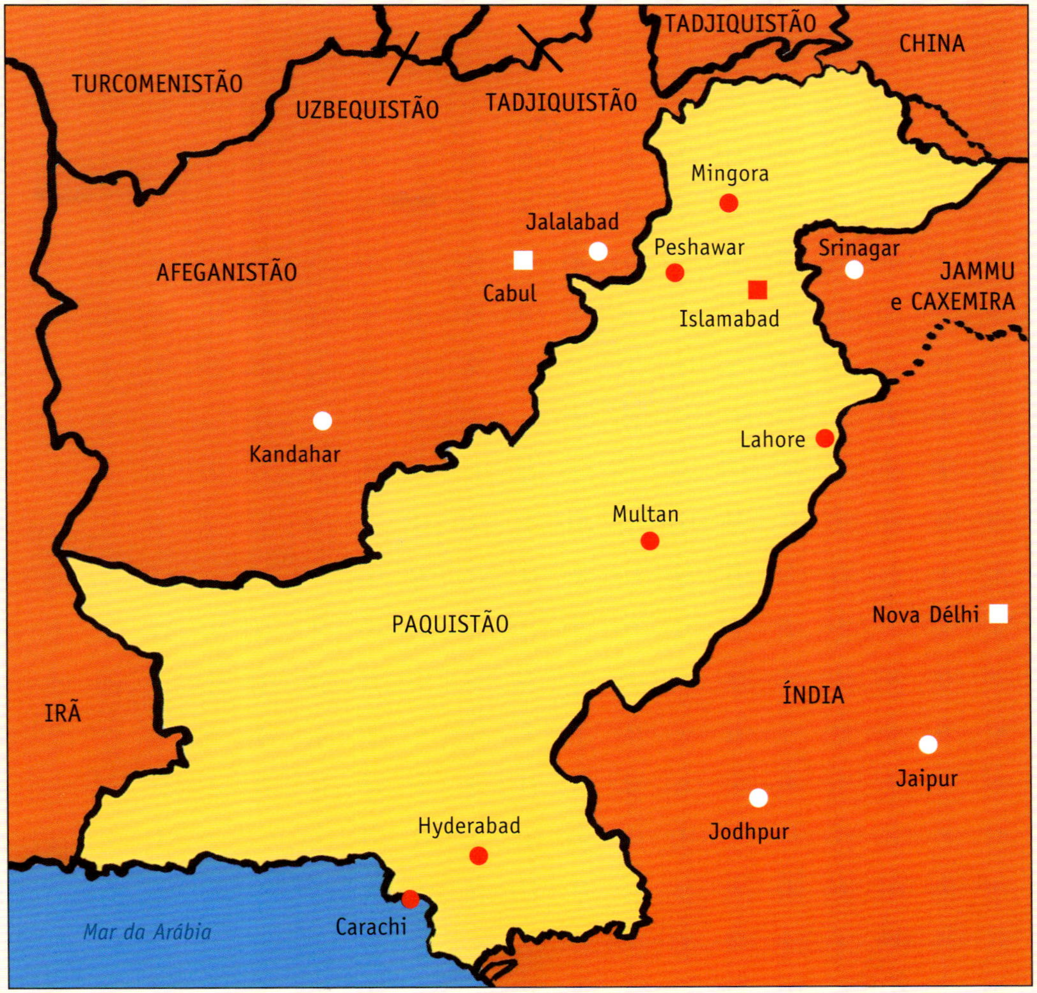

Paquistão, o país de Malala

Atualmente, Malala vive no Reino Unido, pois está ameaçada de morte em seu país. O Paquistão é uma república islâmica do subcontinente indiano. Fundado por Muhammad Ali Jinnah em 14 de agosto de 1947, depois de décadas de dominação britânica, o Paquistão sempre teve um relacionamento difícil com seus dois vizinhos: a Índia e o Afeganistão.

O Paquistão tem mais de 190 milhões de habitantes. É o sexto país mais populoso do mundo. Sua capital é Islamabad, mas a maior cidade do país e uma das mais importantes do planeta é Carachi, com seus 20 milhões de habitantes.

O urdu é a língua oficial, mas fala-se também inglês e as línguas das diferentes etnias do país, como o pachto, da região em que Malala nasceu.

A principal atividade econômica do Paquistão é a agricultura.

Desde o fim dos anos 1990, os habitantes da região nordeste sofrem com ataques talibãs e, desde 2004, também com as contraofensivas militares do Exército do Estado paquistanês, que luta contra eles. De fato, embora seja uma república islâmica, o Paquistão não apoia os combatentes extremistas que são os talibãs.

A cidade de Mingora, onde Malala vivia, está situada ao norte de Islamabad, no distrito de Swat. Tem cerca de 300 mil habitantes, em sua maioria pachtos.

O povo pachto

É o povo fundador do Afeganistão moderno. Contudo, é no Paquistão que se encontra a mais numerosa população pachto. É um povo de tradições fortes, caracterizado por um orgulho imenso e uma hospitalidade sem limites.

Na cultura pachto, as pessoas não esquecem nem perdoam. Malala, porém, está convencida de que só a instrução, e não a vingança, é capaz de solucionar os conflitos. Nos tempos antigos, os pachtos viajavam com seus rebanhos, mas muitos tornaram-se sedentários. Falam a língua pachto, idioma diplomático e administrativo do Afeganistão. São muçulmanos sunitas.

As meninas e a escola

A situação alarmante das meninas no Paquistão

No Paquistão, a imensa maioria das mulheres não tem os mesmos direitos que os homens e muitas delas são vítimas de violência: assédio sexual, opressão doméstica, casamentos arranjados, às vezes forçados, crimes de honra...

As regras do *purdah* ("cortina"), que obrigam as mulheres a cobrir totalmente a cabeça e o corpo, proíbem que saiam de casa desacompanhadas ou que encontrem homens que não sejam de sua família, são aplicadas até hoje.

Menos de 26% das meninas sabem ler e escrever. Existem 163 mil escolas primárias no Paquistão, das quais apenas 40 mil recebem meninas.

Somente 7 milhões de meninas de menos de dez anos frequentam uma escola primária (apenas uma em cada duas), apenas 3 milhões frequentam uma escola secundária e só meio milhão de meninas chegam à universidade. A situação é particularmente dramática no ambiente rural, por causa sobretudo da pobreza, especialmente nas regiões das tribos do norte.

Jovens paquistanesas numa escola de Mingor

A educação no mundo

Segundo a Unesco, 493 milhões de mulheres no mundo são analfabetas, ou seja, dois terços de todos os adultos que não sabem ler nem escrever.

No mundo inteiro, 58 milhões de crianças (cerca de uma em cada quatro) não são escolarizadas. Destes, 28 milhões vivem em áreas atingidas por conflitos e mais da metade são meninas.

Quinze anos depois do lançamento da iniciativa da Unesco "Educação para todas (as crianças)", apenas um terço dos 164 países signatários atingiu os objetivos fixados em 2000. Entre os Estados de menor performance figuram notadamente o Paquistão, o Iêmen e vários países da África subsaariana. Serra Leoa, ao contrário, conseguiu, depois de onze anos de conflito, reduzir o trabalho infantil e diminuir pela metade o número de crianças que nunca frequentaram a escola.

Na Nigéria, em abril de 2014, o grupo d extremistas islâmicos Boko Haram sequestro 276 meninas, alunas de uma escola de Chibo no norte do país. Malala Yousafzai comparece para prestar solidariedade às cinco menina que conseguiram escapar e exigir que se fizess todo o possível para libertar todas ela

Em Multan, no Paquistão, extremistas islâmicos queimam a bandeira da ONU para protestar contra a atribuição do Prêmio Nobel da Paz a Malala Yousafzai, em outubro de 2014.

Nas ruas de Islamabad, capital do Paquistão, em outubro de 2012, mulheres protestam gritando "Vergonha, Talibã!" depois da tentativa de assassinato contra a jovem Malala, então com quinze anos.

Malala e a religião

Como todos os pachtos e muitos paquistaneses, Malala é de confissão muçulmana. Sua religião é, portanto, o islamismo. Ela leu o Corão, livro sagrado do islã, e sempre faz referência a ele. No entanto, ela recusa a sharia, que impõe a lei islâmica, e denuncia os que atacam, em nome do islã, a liberdade das mulheres, das crianças e dos homens.

Ela se opõe aos que espalham o terror e dizem "É a vontade de Deus!", aos que partem para a jihad, a "guerra santa". "Se tivessem lido o Corão", pensa Malala, "saberiam que não devemos matar."

Ela luta contra os que ameaçam de morte as meninas que forem à escola, enquanto o Corão diz que devemos "buscar o conhecimento, estudar com ardor e aprender os mistérios do nosso mundo". Contra os que proíbem as mulheres de votar e proíbem as pessoas de cantar, dançar, tomar vacinas, ver televisão. Contra os que exigem que as barras das calças dos homens estejam a uma determinada distância do tornozelo. Contra os que não hesitam em matar para calar as vozes rebeldes e intimidar a população.

Os talibãs que atacaram Malala fazem parte desses extremistas, que muitas vezes são submetidos a processos de condicionamento psicológico nos estágios de treinamento para a jihad.

A grande família dos humanos inspira Malala

Em seus discursos, Malala Yousafzai menciona muitas vezes as grandes figuras da história da humanidade. Mas os personagens saídos da cultura pachto também moldaram sua forma de pensar e agir.

Transferida e depois operada em Birmingham, na Inglaterra, Malala recebeu mensagens de apoio e afeto do mundo inteiro

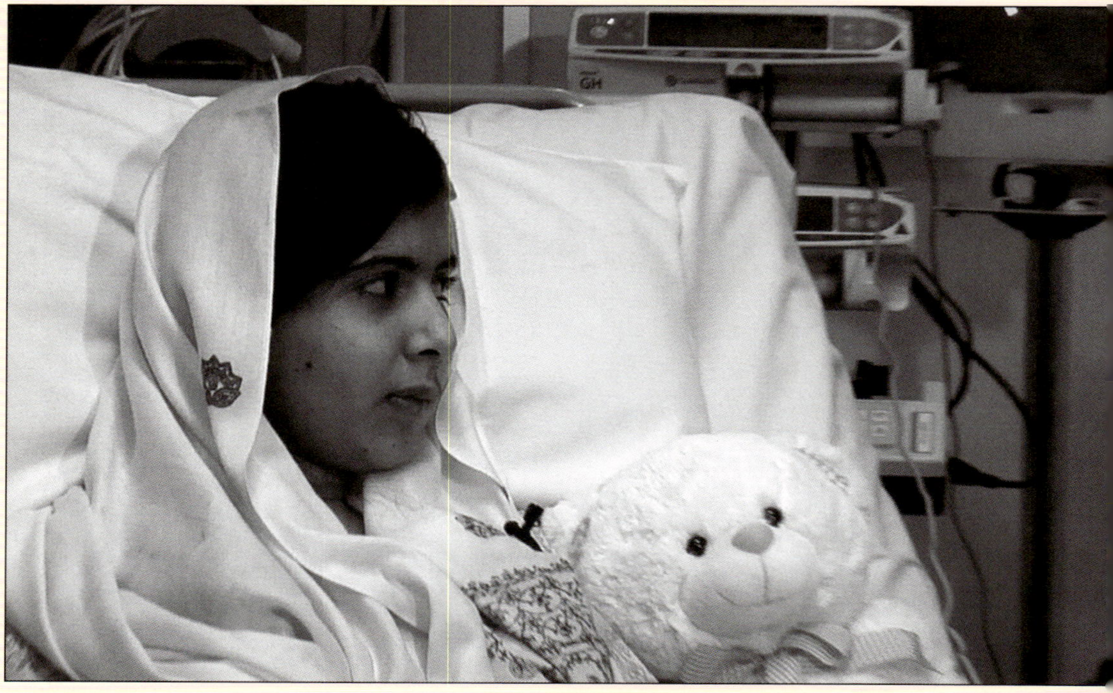

Gul Makai, o pseudônimo da Malala

Gul Makai é a heroína de um conto pachto. Ela conhece Musa Khan na escola. Os dois adolescentes se apaixonam, porém seu amor é proibido porque não são da mesma tribo. O namoro provoca um violento conflito entre os dois clãs. Mas Gul Makai consegue convencer os Anciãos de que, segundo o Corão, a guerra é uma coisa má. Finalmente, as duas tribos restabelecem a paz e autorizam a união dos dois namorados.

Malalai

Malala Yousafzai tem o nome de Malalai, a maior heroína afegã (e portanto pachto), que encorajou o exército afegão a resistir, em 1880, às tropas inglesas. Filha de um pastor das planícies, ela foi até o campo de batalha, onde seu pai e seu noivo lutavam para expulsar os britânicos, a fim de prestar socorro aos feridos. Quando os afegãos, já em dificuldades, perdem seu porta-bandeira, Malalai empunha seu próprio véu como estandarte e não hesita em marchar à frente do batalhão. Atingida por uma bala, a jovem adolescente morre, mas sua bravura inspira os combatentes. Assim, graças a Malalai, o exército afegão impôs uma dura derrota aos britânicos.

Gandhi

Mohandas Gandhi nasceu na Índia em 1869 e lutou para que seu país se tornasse independente de seu colonizador, a Grã-Bretanha. Ele liderou uma campanha nacional em favor dos mais pobres, da liberação das mulheres indianas e do fim da exclusão dos intocáveis (indianos do nível mais baixo da escala social).

Ele pregava a desobediência civil de massas e liderou inúmeras ações não violentas em prol da dignidade humana e da justiça, encorajando a fraternidade entre as comunidades de diferentes religiões ou etnias. Gandhi é o símbolo da ação não violenta que, por conseguir agregar um grande número de pessoas, acaba por prevalecer.

Ele foi assassinado em 1948.

Vários meses depois do atentado, Malala pôde retomar sua vida de estudante no Reino Unido

Toda a família Yousafzai reunida em Birmingham.

Nelson Mandela

Nascido em 1918 na África do Sul, passou a vida lutando contra as leis racistas de seu país, introduzidas em 1948 pelo Partido Nacional. Por combater o apartheid (sistema político institucional de segregação racial, que impunha a discriminação dos negros, ou seja, de 90% da população), Mandela foi condenado, em 1964, à prisão perpétua. Em 1990, depois de 27 anos de detenção, ele finalmente foi libertado. Logo estabeleceu negociações com Frederik de Klerk, presidente branco do país, para a abolição do apartheid e para que todos os sul-africanos tivessem direito de votar.

Em 1994, tornou-se o primeiro presidente negro da África do Sul. Implementou, então, uma política de reconciliação nacional entre negros e brancos e de luta contra as desigualdades econômicas e a pobreza. Aclamado como pai da "nação arco-íris", Mandela morreu em 5 de dezembro de 2013, dez anos depois de ter recebido o Prêmio Nobel da Paz.

Em Oslo, Noruega, logo depois da entrega do Nobel da Paz, a multidão aclama Malala Yousafzai e Kailash Satyarthi, militante indiano contra o trabalho infantil, com quem a jovem paquistanesa dividiu o prêmio.

Martin Luther King

Nasceu em 1929, em Atlanta, no sul dos Estados Unidos. Nessa região, como na África do Sul, os negros não tinham o direito de usar os mesmos espaços que os brancos. Havia bairros brancos e bairros negros. Escolas, restaurantes e ônibus para os brancos e outros para os negros. Martin Luther King, pastor metodista negro, lutou pelos direitos civis dos negros americanos. Colocando sua vida em risco, organizou ações não violentas de resistência para derrubar as leis racistas e lutar contra a pobreza. Ele sonhava com um mundo de liberdade e justiça para todos. Infelizmente, embora tenha vencido muitos combates contra a segregação, Martin Luther King foi assassinado em 1968, quatro anos depois de receber o Prêmio Nobel da Paz.

As palavras de Malala

"Os extremistas têm medo de livros e canetas."

Crianças vítimas de inundações em Carachi, no Paquistão, celebram o Malala Day

"Os talibãs pensaram que a bala que me feriu
calaria nossas vozes, mas eles estavam errados.
Em vez do silêncio, um clamor se ergueu...
E eu sou a mesma Malala."

"Há quem acredite que cabe aos outros agir.
Mas eu pensei comigo mesma: por que deveria esperar
que outra pessoa faça alguma coisa? Por que não dar,
eu mesma, um passo adiante?"

"A educação é nosso direito fundamental. Não somente no
Ocidente: o islã também nos garantiu esse direito. O islã diz que
toda menina e todo menino devem receber instrução."

"Com um fuzil, podemos matar terroristas,
mas com a educação podemos matar
o terrorismo."

"Se um homem pode destruir tudo, por que uma menina não poderia mudar tudo?"

No dia de seus dezoito anos, Malala foi ao Líbano para festejar com os refugiados sírios a abertura de uma escola financiada pelo Fundo Malala.

BIBLIOGRAFIA E FONTES

Moi, Malala, je lutte pour l'éducation et je résiste aux talibans, autobiografia de Malala Yousafzai em colaboração com Christina Lamb, éditions Calmann-Lévy, 2013. [Edição brasileira: *Eu sou Malala*, São Paulo, Companhia das Letras, 2013.]

Fundo Malala
www.malala.org
www.facebook.com/MalalaFund

Site da BBC (www.bbc.com)
Diary of a Pakistani schoolgirl (Diário de uma estudante paquistanesa), blog mantido por Malala Yousafzai (sob o pseudônimo de Gul Makai) na BBC News, janeiro de 2009.
http://news.bbc.co.uk/2/hi/south_asia/7834402.stm

Site da ONU (www.un.org)
O vibrante discurso de Malala Yousafzai em prol da educação para todos na tribuna das Nações Unidas, em 12 de julho de 2013.
https://news.un.org/en/story/2013/07/444472-un-malala-yousafzai-rallies-youth-stand-universal-education

"O importante não é a cor da pele, a língua que se fala, a religião que se pratica; o importante é nos respeitarmos uns aos outros e considerar que todos somos seres vivos."

"É possível lutar contra a guerra através do diálogo, da paz e da educação."

"*Malala Day* não é o meu dia. Hoje é o dia de cada mulher, de cada menino e de cada menina que ergue a voz para defender seus direitos."

Cet ouvrage a bénéficié du soutien des Programmes d'aides
à la publication de l'Institut Français
Este livro contou com o apoio à publicação do Institut Français

Grafia atualizada segundo o Acordo Ortográfico da Língua Portuguesa de 1990, que entrou em vigor no Brasil em 2009.

Título original
Malala: Pour le droit des filles à l'éducation

Créditos das fotos
p.34-5: Oli Scarff/AFP
p.36: Véronique de Viguerie/Getty images/AFP
p.38 (no alto): A. Majeed/AFP
p.38 (embaixo): Isaac Babatunde/AFP
p.39 (no alto): S.S. Mirza/AFP
p.39 (embaixo): Aamir Qureshi/AFP
p.40 (no alto): University Hospitals Birmingham/AFP
p.40 (embaixo): Liz Cave/AFP
p.41 (no alto): Oli Scarff/AFP
p.41 (embaixo): Fredrik Varfjell/AFP
p.42: Rizwan Tabassum/AFP
p.43: Malin Fezehai/AFP

CIP-Brasil. Catalogação na publicação
Sindicato Nacional dos Editores de Livros, RJ

Frier, Raphaële, 1970-
F947m Malala: pelo direito das meninas à educação / Raphaële Frier; ilustração Aurélia Fronty; tradução Eliana Aguiar. – 1ª ed. – Rio de Janeiro: Pequena Zahar, 2019.
il.

Tradução de: Malala: Pour le droit des filles à l'éducation.
ISBN 978-85-66642-65-0

1. Yousafzai, Malala, 1997- – Literatura infantil. 2. Mulheres jovens – Educação – Paquistão – Literatura infantil. 3. Direitos das mulheres – Paquistão – Literatura infantil. 4. Literatura infantil francesa. I. Fronty, Aurélia. II. Aguiar, Eliana. III. Título.

19-55879 CDD: 808.899282
CDU: 82-93(44)

Leandra Felix da Cruz – Bibliotecária – CRB-7/6135

4ª reimpressão

2022

EDITORA PEQUENA ZAHAR
Praça Floriano, 19, sala 3001 – Cinelândia
20031-050 – Rio de Janeiro – RJ
☎ (21) 3993-7510
companhiadasletras.com.br/pequenazahar
/pequenazahar
@ pequenazahar
/CanalLetrinhaZ

SOBRE A AUTORA

Raphaële Frier nasceu em Lyon, na França, em 1970. Estudou psicologia e educação, leciona no ensino fundamental e publicou mais de uma dezena de livros infantis.

SOBRE A ILUSTRADORA

Aurélia Fronty nasceu em 1973. Sempre gostou de desenhar. Depois de se formar pela Escola Superior de Artes Aplicadas Duperré, em Paris, trabalhou com moda e mais tarde voltou para os livros, especialmente os infantis.

FSC
www.fsc.org
MISTO
Papel produzido
a partir de
fontes responsáveis
FSC® C011188

A marca FSC® é a garantia de que a madeira utilizada na fabricação do papel deste livro provém de florestas que foram gerenciadas de maneira ambientalmente correta, socialmente justa e economicamente viável, além de outras fontes de origem controlada.

Esta obra foi composta em ITC Officina Sans e impressa em ofsete pela Gráfica Santa Marta sobre papel Couché Matte da Suzano S.A. para a Editora Schwarcz em dezembro de 2022